# Introdução

Uma aventura que começa por uma tomada de iniciativa de mudar e fazer melhor. De quebrar rotinas e ir em busca de um sonho. A realização pessoal e profissional num universo novo e repleto de incógnitas.

Muitos perguntam-se o que existe no mundo virtual de tão real que prende quem lá entra?

Bem, o universo das moedas virtuais é isso mesmo, um mundo novo completamente inovador com os dogmas e com as vicissitudes do dia a dia, que preenche o desconhecido de cada um. Um pouco estranho de entranhar mas fácil de não largar.

Fomos ensinados desde miúdos a viver num quotidiano estereotipado onde a história está pré escrita e cabe a cada um dar as suas pinceladas. A saída para o trabalho bem cedo para chegar o quanto antes, passar o tempo com a família que teríamos de criar cedo. Não fossemos ficar velhos demais para isso. Um ordenado, uma segurança para fazermos face às despesas, os sonhos sempre comedidos e que caibam na palma da mão para que que tivéssemos sempre o foco no trabalho, não descurando o sonho mas, sempre numa base de utopia e de distância similar à da terra à lua. É possível lá ir, mas é mais fácil observá-la.

Isto foi-nos ensinado, a não perder o real e o seguro, a abdicar do utópico e ilusório.

O mundo das criptomoedas é muito mais do que o sonho de um desconhecido. É a realização de cada um de nós traçar o seu caminho e escolher a via.

Neste livro o meu objectivo é que fique a conhecer um pouco mais sobre ele, que fique atento para todas as possibilidades mas fundamentalmente tenha conhecimento de um universo bem real que as forças tendem a esconder, não fosse isso evitar bons lucros de quem está no topo da pirâmide do poder.

Parabéns por dar o primeiro passo para o conhecimento diferente da realidade e da história que você pode escrever, do poder de decidir que você tem.

# Índice

# 1 A contextualização histórica

Antes de entender o que é o dinheiro virtual é importante fazermos uma conexão com o dinheiro físico.

Na origem dele veio a necessidade do desenvolvimento de um sistema que permitisse o intercâmbio de bens e serviços, assim como uma forma fácil de gerar prosperidade e procura.

O valor da moeda, como sabemos, não está unicamente relacionada com a sua produção, mas sim, com o que ela representa. De forma a ser viável tem de  ganhar a confiança da comunidade onde está inserida, existindo um equilíbrio efectivo entre o que as pessoas podem fazer com ela e, ganhar.

Deve existir um reconhecimento tácito entre o seu valor e a sua utilização que está na maioria das vezes relacionado com um lastro que deverá ser escasso como o ouro. Desta forma, lastreada, a moeda fica menos suscetível à inflação, a importância dele estava sempre relacionado com a sua demanda, a lei da oferta e da procura.

O dólar nos dias de hoje está não conversível ou não lastreado.

O seu lastro durou de 1044 a 1971 quando o Presidente Nixon cancelou a sua conversão deixando a moeda sem qualquer lastro. Nixon considerava que o valor da moeda deveria derivar da confiança que ela gera. São vários os pensadores que defendem uma retoma ao então modelo Bretton Woods, afiançando que o ouro tem vindo a reclamar um lugar no centro do sistema financeiro opiniões alavancadas pelo facto de grandes

bancos estarem a adquirir novamente compras avultadas deste metal.

Na opinião de vários outros pensadores esta tomada de posição de Nixon foi a origem em grande parte pelos padrões mundiais de crise pois possibilitou a governos gastarem mais do que o que seria possível anteriormente.

Bem, voltemos à questão central, o dinheiro real pode ser visto como um simples papel denominado de cheque ou um cartão multibanco, crédito....

Há vários relatos e factos que comprovam que já antes de 1900 existiam moedas virtuais. Várias empresas utilizavam vouchers ou selos que poderiam ser trocados por produtos ou serviços. A própria American Airlines criou em 1981 o primeiro programa de milhas de viagens aéreas. Hoje é comum que a maior parte das empresas utilizem sistemas similares que representam um sistema virtual de pagamento de serviços ou compras. Nos últimos anos, foram vários milhões de euros facturados com a venda dessa "moeda virtual".

Uma outra forma de moeda virtual cresceu recentemente em África com a utilização dos equipamentos móveis e a dificuldade de abertura de contas bancárias. Os utilizadores trocavam minutos de conversação pré paga por produtos ou serviços. Este negócio resultou em transações de biliões de dólares.

Ou seja, quando inicia a discussão de que a moeda virtual não é real ou sem utilidade no mundo real, já parou para pensar o quanto está errado? Há vários anos que em diversas formas são utilizados vouchers ou similares para a compra de produtos e serviços, o que podemos denominar de moeda virtual. Desde que todos concordem com o valor atribuído ao bem, ele pode tornar-se moeda.

A primeira grande diferença numa moeda virtual é que não é emitida por nenhum governo. Pode ser emitida por qualquer entidade em que um conjunto de usuários concorde sobre o seu valor e transações.

As moedas virtuais não necessitam de ter um valor real mas sim um valor que a comunidade aceite.

## 2 A origem da moeda virtual

O bitcoin considerado por muitos como a primeira moeda virtual surgiu muito depois daquela que foi realmente a primeira moeda virtual no caso lastrada a ouro real, a E-Gold criada em 1996.

Uma particularidade na qual muitas moedas fiduciárias não contam. Em 2008 a E-Gold tinha mais de 5 milhões de contas. Os problemas de segurança acabaram com este projecto em 2009 e com outros que surgiram

Em 2008 o Facebook faz a sua primeira tentativa de resolver os problemas de segurança sentidos pelos casos anteriores mas acaba por morrer em 2012 face à sua pequena dimensão na altura.

E aqui surge a estrela da companhia, o Bitcoin.

Em Outubro de 2008 uma figura desconhecida com o pseudônimo de Satoshi Nakamoto lança uma versão ponto a ponto de dinheiro electrónico e que garante a segurança através de uma inovadora técnica de encriptação de acordo com modelo matemático. Nasce o Bitcoin com a segurança que as anteriores não apresentaram, baseado num protocolo de código aberto e independente de qualquer autoridade central. Foi lançado o primeiro bloco de código Gênesis dentro da rede blockchain que permitiu que a mineração de bitcoin se iniciasse.

# 3 Mineração e Os pontos que veio preencher a moeda virtual

Para minerar, ou seja gerar, ou validar as transações de bitcoin é necessário um computador que tenha um programa específico ligado em rede a um conjunto de outros computadores de diversos proprietários. Este sistema informático gera os valores na conta de um utilizador a partir de limites actualizados pela própria rede. A rede é descentralizada ponto a ponto o que garante a não existência de uma entidade central ou de emissão ou cotação.

Nestes intervalos que o sistema controla é emitido um hash que contém um determinado valor criptografado. Hash é o código que valida a transação ou que permite comprovar a mesma. São pesquisáveis e servem para o membro provar que a mesma foi validada e concretizada.

Um dos problemas relacionados com a mineração é o custo que ela causa ao minerador, nomeadamente de electricidade.

Existem na internet várias plataformas de fácil pesquisa que indicam o número de moedas possíveis de minerar com determinada máquina assim como muitos outros sites e fóruns onde o utilizador comum consegue ter informação sobre qual o equipamento a comprar e como o configurar para que ele "comece a fazer dinheiro"

Nasce aqui outro mito ou cepticismo natural de quem ouve estes termos e se surpreende com a forma como eles são transmitidos. Na primeira impressão é imediatamente associado a algo ilegal ou impossível ate porque fomos todos habituados a uma premissa de que o fazer dinheiro só será possível a uma entidade reguladora e todas as regras economicistas colocariam em causa qualquer outra possibilidade a menos que ela fosse ilegal e de falsificação.

Vamos lá então: longe de ser ilegal, qualquer utilizador o pode fazer, minerar moedas.

Como referido, o minerador recebe uma recompensa pelo seu trabalho . E qualquer um o pode fazer desde que, compre o equipamento certo e o configure correctamente.

À medida que os blocos são verificados o minerador recebe a sua recompensa. E reparem: Não existe uma entidade que ganha com a nossa actividade e nos dá uma pequena percentagem ou que determina os nossos volumes ou ganhos. Está tudo na nossa mão e com os mesmos equipamentos que mineramos hoje uma determinada moeda, amanhã podemos mudar e fazer com outra. Basta alterar as configurações.

O leitor pergunta de imediato, habituado a uma política centralizadora e que controla toda a actividade para "bem" da comunidade, quanto tempo isto poderá durar?

São várias as histórias neste curto período de tentativas de bloqueio. E são inúmeros os fracassos nessa tentativa, a indústria que conhecemos mexe-se com grandes volumes de dinheiro muitas vezes nosso, para acabar com toda a concorrência mas, é um mercado descentralizado.

O que eles fazem? Sem referir nomes, são conhecidas movimentações de grandes empresas / entidades que criam outras empresas paralelas sediadas em paraísos fiscais para efectuarem compras de criptomoedas.

A máxima de, "se não podes com eles, junta-te" é aplicada. Estes movimentos são muitas vezes acompanhados por jogadas de bastidores que têm vindo a ser investigadas e algumas delas provadas.

Um dos casos está relacionado com uma grande empresa que por questões óbvias não irei mencionar o seu nome mas, convido a pesquisar, em que o seu CEO veio a público considerar que o futuro do bitcoin estava comprometido porque se tratava de uma bolha e por isso o capital dos investidores estaria em sério risco.

Horas depois o Bitcoin teve uma quebra, o medo nos pequenos instalou-se e, coincidência, nesse momento de quebra uma empresa que se veio a provar ter ligações com esse fundo internacional, efectuou compras brutais de Bitcoin.

A lei da oferta e da procura fez-se sentir e, o bitcoin voltou a disparar novamente causando claro, avultados lucros para todos os habilidosos e também investidores que não a venderam.

O mercado é cheio de truques e aqui um deles é manter a tranquilidade e convicção e não se deixar assustar com as baleias.

Este é um termo muito usado no mercado e relaciona-se com os movimentos feitos por quem tem mais de 1000 bitcoins, neste caso na blockchain BTC. Estas baleias, sem provas ainda, muitas vezes de forma concertada, tentam mexer com o mercado.

Imaginem que o vosso amigo tem cerca de 10000 bitcoins e você outros 10000. E na comunidade onde se relaciona existem outros tantos. Uma pequena "reunião de família " e decidem em conjunto vender a criptomoeda 5% abaixo do preço em grandes quantidades em algumas exchanges de referência. O que causará? Medo no mercado e consequentemente venda.

Por momentos o mercado entra em espiral e, "a família" decide voltar a comprar quando ele atinge a quebra de 10%. Negócio bem rentável não? Logo a seguir a um conjunto de grandes vendas vem um de grande compra o que origina a uma rápida recuperação e aumento do valor e do número de unidades a estas baleias.

Quem está no mercado há algum tempo já não se assusta e consegue de forma rápida e simples ignorar movimentos destes que se conseguem identificar, embora, estas "famílias" presentes em toda a actividade económica mundial e que muitas vezes se agrupam, criam sempre novas dissimuladas formas de o fazer.

Grande vantagem do mercado das cripto: não existe um membro que as controle nem uma grande entidade mas sim todos nós. Não existe política que a dirija ao sabor dos seus interesses, daí a sua revolta muitas vezes com este mercado desregulado.

### 3.1 Custos com a mineração

Estudos recentes comprovam que o medo espalhado por ambientalistas ou, forças políticas ou, poderes económicos, relativamente ao gasto de energia para produzir novas unidades monetárias estão errados e não refletem toda a verdade Comparativamente com o custo da manutenção do sistema bancário tradicional de hoje, a mineração está em patamares bem mais inferiores

Várias entidades, umas com o intuito de aparecerem e fazerem ouvir a sua voz muitas vezes desconhecida do público, outras movidas por poderes pouco claros e, muitas outras, por fracas investigações, consideram o Bitcoin um Chernobyl um gigante

fumegante no que a este aspecto diz respeito.

A questão que estes "pensadores" deveriam de igual forma colocar seria qual o custo de manutenção do sistema bancário actual, qual o consumo dos servidores com todos esses seus terawatts e agências ou caixas electrónicos?

Os dados relativos aos consumos originados pela rede BTC são derivados da Cambridge Bitcoin Electricity Consumption Indez.
Outros como fonte retiram da digiconomist.net. No entanto, os dados anuais deste consumo por hora são totalmente divergentes.

No caso da digiconomist.net a rede captura 77,78 TWh enquanto a CBECI indica 111,08 Twh. Uma pequena diferença de 44% que por norma atinge estes pensadores que atacam esta tecnologia e acaba com os seus argumentos. Embora permaneçam durante algum tempo muitas vezes com um suporte baseado em outros interesses. Assim, a tese de que o consumo eléctrico do BTC está longe de ser um desperdício.

No caso do CBECI fontes informadas indicam que o mapa nem sequer está actualizado e possivelmente seria em 2021.

Nestes relatórios é indicado que a China captura 65% do consumo da mineração, o que pode obviamente estar totalmente errado. Bitooda considerou que o poder da China nesta matéria de mineração caiu para valores inferiores a 50%

Ainda em relação ao tema energia e impacto ambiental , 75% das mineradoras utilizam fontes de energia renováveis, hidroeléctrica, eólica, solar e geotérmica. Vários são os relatórios que comprovam esses dados.

Deutsche Bank Research Agência Nacional de Energia da China, Morgan Stanley e Coinshares destacam que

78% do uso de electricidade do Bitcoin vem de fontes renováveis.

Também aqui a rede blockchain e seus mineradores estão à frente do mercado convencional. Satoshi, está sorrindo pelo facto dos mineradores estarem a optar por energia verde.

No custo do sistema, os críticos do bitcoin não consideram todos os custos adjacentes ao sistema bancário tradicional que utiliza muitíssimo mais do que os 140 Twh por ano

Katrina Kelly-Pitou, que estuda a tecnologia da energia limpa, considera que o consumo de energia do bitcoin está longe de ser tão ruim quanto o querem fazer parecer.

É então evidente que a indústria de mineração não é tão perdulária quanto o sistema bancário actual, preenchido com servidores, caixas electrónicos e agências, mas também está livre de fraude e manipulação.

## 4 O que é a blockchain

De forma bastante simplificada a blockchain é um livro de contabilidade que faz o registo de uma transação de moedas virtuais, permitindo que ele seja confiável e inalterável.

 Por outras palavras a blockchain regista a

informação da quantia de bitcoins ou outras moedas transacionadas, quem foi o emissor (carteira emissora criptografada) e qual a carteira receptora.Permite também saber quando ela foi feita e a que bloco ficou associada.

Desta forma, a transparência é total, sendo este um dos maiores atributos da blockchain. Não é possível após uma transferência cancelar ou mesmo saber os emissores ou receptores.

Todos os dados são armazenados em grupos de transações sendo que ficam marcados todos os blocos com o registo de tempo e data em que foram realizados. Num curto período de tempo é formado um novo bloco de transações que é ligado ao bloco anterior impedindo que ele seja refeito e alterado. Seria necessário alterar todos os blocos anteriores.

## 4.1 Blockchain segurança

Os blocos são dependentes uns dos outros, o que forma a cadeia de criação e transação, daí o nome da blockchain.

Esta tecnologia é perfeita porque como mencionado não permite qualquer tipo de alteração nem gestão humana, logo interferência que venha a ser colocada é impossível. O registo de informações necessita desta confiança como para transações de bitcoin ou de qualquer outra rede blockchain. Como referido, cada criptomoeda tem a sua própria rede blockchain. Sendo que dentro de uma rede blockchain é possível a criação de contratos ou tokens.

A rede é formada por mineradores que verificam e registam estas transações, como referido anteriormente, qualquer um de nós pode ser minerador desde que com o equipamento certo e, depois de analisar os custos/proveitos.

Para este trabalho de mineração, os mineradores colocam o seu poder computacional ao serviço da rede.
Como incentivo para este trabalho de tornar a rede segura e confiável, recebem uma recompensa na moeda minerada que podem transacionar.

O minerador só pode adicionar uma transação no bloco se pelo menos 51% da rede concordar com aquela transação sendo legítima e correcta. Todas estas regras estão em algoritmo e são imediatamente verificadas pelas máquinas e impossíveis de serem alteradas.
O consenso da rede é medido por este poder computacional.

Duas cadeias de blocos podem ser formadas em simultâneo  sendo que a rede escolherá a cadeia que tiver maior trabalho.

O objectivo não é maçar em demasia com tecnicismo mas permitir um rápido entendimento por este maravilhoso mundo.

Assim, resumindo, a blockchain é este livro público que regista todas as transações de moeda virtual numa cadeia de blocos em que todos podem participar como compradores, vendedores ou mesmo mineradores.

Todas estas transações são confiáveis, inalteráveis e transparentes.

## 4.2 Blockchain no mundo real

O bitcoin e as criptomoedas foram de facto as primeiras aplicações a utilizar a blockchain mas não são as únicas

Esta tecnologia está a revolucionar o mundo e todas as indústrias desenvolvidas que procuram rapidez, segurança e transparência. São várias as inovações que têm vindo a ser conseguidas com a rede de blocos.

São fundamentalmente aplicações inovadoras e que vêm trazer novos padrões na comunidade pelo que será interessante verificar o seu desenvolvimento e quais as que se irão afirmar a médio e longo prazo.

 A Spotify adquiriu a blockchain Mediachain Labs com o objectivo de ajudar a desenvolver soluções através de um banco de dados descentralizado de

forma a conectar artistas e acordos de licenciamento.

Outras empresas emissoras de tickets utilizam a rede blockchain de forma a impedir fraudes e venda no mercado negro de ingressos.

Numa indústria colhida por pandemia e por medos de propagação esta complexa rede de proprietários e indústria de retalho, torna o rastreamento de doenças mais transparente e eficiente em descobrir quais os produtos que podem estar contaminados na cadeia de distribuição.

A contrafação é uma realidade indesmentível e com enormes custos no seu combate para além de perdas para as marcas. Com o objectivo de introduzir transparência é possível através de blockchain encontrar soluções de combate à falsificação , verificando se os mesmos foram adulterados ou desviados assim como mercadorias roubadas ou transações fraudulentas.

## 5 O que é uma criptomoeda e como utilizar no mundo real

Depois de toda a introdução a esta temática e dos vários itens abordados, convém clarificar o que é na realidade uma criptomoeda. Algo que não existe?

Há alguns anos, quando falava sobre uma criptomoeda, amigos diziam que não era dinheiro real e que por isso "não queriam brincar".

Sempre foi possível converter estes activos em dinheiro fiduciário, mas muitas vezes o processo era complexo e moroso.

 Nos dias de hoje, são transações imediatas que permitem a conversão em moeda local em segundos. Quer através de cartões multibanco convencionais, ou mesmo através de envio para a conta bancária.

Imaginemos que tem uma determinada quantia em bitcoins ou outra moeda permitida para  este tipo de transação numa carteira. Basta converter o saldo em moeda local, e efectuar levantamento em qualquer caixa multibanco ou compra em qualquer loja. Em alguns casos o processo ainda é mais simples, e a conversão de criptomoeda em moeda FIAT é imediata e não precisa de mão humana.

Tão simples como ter uma conta numa das plataformas que tem a possibilidade de ter cartão multibanco como Coinbase, Wirex entre outras e pedir um cartão. Com ele, basta dirigir-se a uma caixa multibanco e efectuar levantamentos ou utilizar numa loja para compras respeitando os limites diários que dependem da plataforma.

 Outra possibilidade, como mencionado, é efectuar o envio para uma conta bancária o que demora em média até 48 horas.

Você sabe então que uma criptomoeda é verdadeira, sendo diferente do real porque ela existe na internet e não podem ser tocadas, não consegue pegá-las com as mãos ou guardá-las na sua carteira ou dentro do seu colchão como antigamente.

O termo descentralizadas surge porque não há um órgão ou governo que as controle ou intermedie, nem autoriza a emissão de mais moedas ou valida as operações. Quem o faz somos nós, usuários.

As cripto são então criadas dentro de uma rede blockchain através do processo de mineração e circulam dentro de uma rede blockchain que permite o envio e recepção.

Elas são geradas online com informações ligadas tal como blocos que se interligam e criam a corrente, daí o nome blockchain rede e blocos.

 Tudo isto é feito em sistemas criptografados o que permite essa

segurança e possibilita a emissão e transação de moedas virtuais de forma segura.

Este, é aliás um dos grandes trunfos da criptomoeda, o facto de ser criptografada ou seja, ter uma segurança impossível de descodificar e extremamente difícil possibilidade de ser fraudulenta.

O leitor pode questionar neste momento o que é afinal isto de criptografia? Porque ela torna tão difícil a fraude e adulteração?

De forma bem simples é o modo de confundir a informação e embaralhar sendo que somente quem tem o código a consiga decifrar, neste caso a rede blockchain.

## Como podem elas ser roubadas?

Através de métodos comuns no mundo financeiro e social.

Em 2019, uma das maiores exchanges do mundo foi hackeada através de phishing e vírus que atacaram a plataforma. Não foi a rede blockchain invadida mas sim a plataforma que, se responsabilizou por todas as perdas e ressarciu todos os prejudicados continuando a trabalhar e reforçando inclusive a sua posição dominante.

## 5.1 As diferenças entre criptomoedas

As diferenças entre as criptomoedas são claras e devem estar logo explícitas nos White paper de cada uma.
Daí a chamada de atenção para uma leitura atenta deste ponto.

Hoje em dia são várias as tecnologias utilizadas para a criação de uma criptomoeda e sua blockchain. Seria impossível mencionar com precisão todas elas aqui.

Vou avançar para as principais e suas tecnologias.
Logo à partida é importante que entenda a diferença entre cripto e token. Neste ponto, não significa que

um token tenha um valor inferior a uma cripto.

O token está preminado e trabalha dentro de uma rede blockchain de uma determinada criptomoeda. Damos o exemplo da rede Ethereum que é actualmente a maior blockchain pública em funcionamento, maior inclusive do que a de bitcoin. Mais à frente precisaremos alguns casos de contratos criados dentro das redes.

Uma rede blockchain permite que dentro dela possam ser criados tokens e contratos inteligentes para as mesmas. Assim, com bastante facilidade é possível criar um token a um custo muito reduzido.

Se você tem um projecto que considere ser essencial a criação de uma criptomoeda, esqueça a ideia de que o processo é demasiado complexo e difícil. Na verdade, todos o podemos fazer. O que os diferenciam é o seu criador, o projecto que está por trás e sua fiabilidade para que o mercado o aceite.

Assim, o leitor antes de efectuar a compra de uma criptomoeda deve estar atento a diversos factores que explicarei mais adiante.

Damos como exemplo o caso do Ethereum dentro da sua blockchain. Posteriormente nele foram criadas milhares de moedas que para serem enviadas ou recepcionadas necessitam de pagar uma taxa, o chamado GAS que é em eth. Esta necessidade de eth fez com que a moeda fosse cada vez mais necessária e aumentasse a sua procura.

Existem tokens de muitas outras moedas como EOS,TRON, DASH, LITECOIN…

Nos dias de hoje, as taxas praticadas e que podem ser verificadas antes de transação ser efectuada estão extremamente altas para a rede ethereum o que irá desviar atenção para outras redes num curto espaço de tempo.

## 5.2 Ecossistemas de criptomoedas

Quando se fala em ecossistema de criptomoeda refere-se fundamentalmente ao sistema financeiro que foi criado para que a moeda tenha realmente valor e utilidade.

Toda uma panóplia de situações deve ser tida em conta para que o seu valor aumente criando uma mais valia para o investidor. Existem moedas que foram criadas e têm o seu futuro exclusivamente confinado à exchange e suas transações limitando o seu uso no mundo real.

Um sistema completo deverá permitir que esta moeda para além de ser transacionável em exchanges, possa ser utilizada em cartões multibanco, envio para o banco ou aceite como troca em transações.

Este processo de aceitação tem de ser levado pelos seus criadores e aceite no mercado convencional.

Ao longo do tempo tem-se verificado algumas fraudes com estes sistemas, com a criação de sistemas aparentemente perfeitos que mais tarde se verificam fraudulentos causando danos aos seus investidores.

Um dos principais projectos permitiu a venda de milhões de moedas e foi aceite no mercado, criando um ecossistema completo no entanto não foi possível a sua transação nos mercados financeiros o que fez com que o seu valor fosse a zero.

O ecossistema tem de ter em conta a sua veracidade e a sua aplicação no meio social.

A análise a um ecossistema deve ter vários itens a serem avaliados como o histórico dos seus criadores e dinamizadores, as plataformas onde estão inseridos, a novidade que traz no mercado e a sua aplicabilidade.

Tal como no mercado convencional, a perspectiva de ganho fácil atrai abutres que, aproveitando-se da ambição natural do ser humano, obtém ganhos.

## 6 Qual a diferença entre uma criptomoeda e um token

Basicamente uma criptomoeda tem a sua blockchain própria com os seus mineradores e, não está dependente de nenhuma blockchain externa, sendo que um token trabalha dentro de uma blockchain existente estando dela dependente.

Em termos de custo, a criação de uma criptomoeda obedece sempre á criação de uma blockchain e da criação da pool de mineradores para a validação das transações e blocos.

No caso de um token, a sua criação é imediata e o número de tokens pretendido é prontamente minerado e definido na sua criação.

O criador coloca os tokens na sua carteira e segue o indicado no whitepaper.

Volto a salientar a importância da leitura atenta deste documento especial em todas as moedas onde fica escrito todo o plano de crescimento e distribuição da moeda.

Tendo em conta o fundamento da sua criação, o sistema que a acompanha assim como o volume de moedas libertadas em cada período. Tal como em economia de mercado, quanto maior o volume maior a oferta pelo que o preço será mais baixo e consequentemente a procura deverá acompanhar de forma a não existir liquidação do projecto.

No caso de uma criptomoeda, o controle da operação não está tão centralizado como no caso de um token na medida em que, parte ou o total da moeda, é minerada e está nas mãos do mercado e dos mineradores.

## 6.1 O que é um token

Uma das perguntas centrais em torno desta realidade é se o token pode ser considerado uma criptomoeda. Na realidade, no conceito lato, não.

Embora, no circuito, sejam todas consideradas criptomoedas.

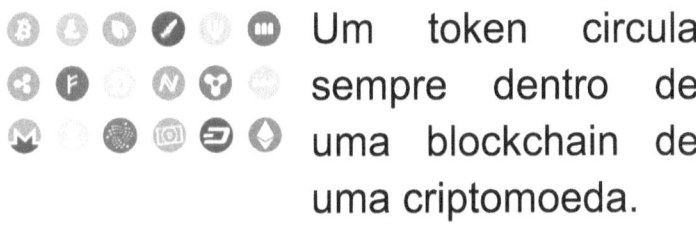 Um token circula sempre dentro de uma blockchain de uma criptomoeda.

No caso do Bitcoin, a primeira criptomoeda, ela funciona dentro da sua blockchain.

No caso do projecto Ethereum já referido, para além da sua própria moeda tem milhares de tokens emitidos dentro da sua rede para transações e armazenamento.

Dentro destes existem diversas variedades.

Vou mencionar duas delas: os utility tokens e os security tokens.

No caso dos utility tokens dão direito ao uso da plataforma e equivalem a assinatura da rede.

Os security tokens são baseados em valores e títulos como as criptomoedas e o seu valor está sempre associado à oferta e procura.

Existem ainda os tokens fungíveis e não fungíveis, no caso dos fungíveis todos emitidos na rede são iguais entre si. De forma ainda mais clara, como no caso dos valores na bolsa, em que participações de empresas são emitidas em iguais partes, os tokens têm o mesmo valor e dimensão.

Os tokens não fungíveis são baseados em valores unidos como obras de arte e muito utilizados em jogos.
Garantem a propriedade única de um bem que pode ser virtual como no jogo ou representação no mundo real.

Os tokens são públicos e imutáveis como os presentes na rede Ethereum.

A utilização de tokens tornou-se massiva dentro do universo das criptomoedas, dada a sua facilidade de criação e implementação para além do baixo custo.
Ao contrário das criptomoedas que obrigam a custos com electricidade e mineradores para validações.

## 6.2 Bitcoin e sua representação no panorama actual.

 O Bitcoin surge então como uma lufada de ar fresco no mercado, é uma realidade inegável e impossível de ignorar para os investidores. São várias as grandes figuras que se converteram e que surgem como importantes divulgadores.

Durante este período tem surgido modas dentro da novidade. Diferentes abordagens com lucros para muitos e obviamente perdas para todos os que desconhecem.

Como em qualquer novidade, o lucro imediato não significa permanente. O sucesso passado não é garantia de sucesso futuro. Obriga a uma permanente actualização e abordagem. Mais a frente vou referir algumas situações interessantes que se superam e outras que se esperam venham a formar.

A primeira grande abordagem é para o nicho que considera que tudo que sai do controlo do governo deixa de ter valor.

Como todos aqueles que consideram que a única forma de ganhar dinheiro é um trabalho convencional. Ao longo da história tem-se verificado que há muito para além do que conseguimos ver ou mesmo experiênciar.

A decisão acertada caberá aqueles que decidirem conhecer.

São várias as pistas que fui dando no decorrer deste livro e que algumas Irão ser reforçadas inclusive como testemunho na primeira pessoa na fase final

Esta oportunidade de entrar num mundo criptografado e de difícil identificação é evidentemente um local interessante onde qualquer parasita pode se alojar.

Em qualquer actividade existem os pontos positivos e os menos bons. O papel de todos os novatos, onde muitos serão experts, é ter em conta o local em que se move e as companhias que pretende.

Um dos pontos que repetidamente friso é que o mundo não é para os que desistem á primeira contrariedade.

Quando aprendemos a andar, caímos várias vezes e nem por isso desistimos. Está na nossa natureza, no nosso lado irracional o de lutar, o de vencer e conseguir.

Ao longo da nossa vida incutem-nos demasiadas dogmas, demasiadas crenças limitantes que muitas vezes nos impedem de mostrar o nosso potencial .

Temos o dever de escapar dessas armadilhas de forma esguia. Muitos demoram anos a perceber quem tem ao lado, outros demoram dias e outros minutos. Vai depender da nossa própria personalidade e vivências.

Num mundo bestial como o das criptomoedas sabemos que é extremamente apetecível e, onde todos pretendem um lucro rápido e brutal.

Sem aprendizagem, sensatez e ponderação não é possível.

Estudem bem nos diversos sites o histórico das operações.

Falem com os membros envolvidos.

Vejam o histórico da entidade e dos seus proponentes.

Todos têm o direito a errar mas repetidamente deixa de ser erro para ser opção pelo fácil e desonesto.

Fiquem atentos aos sinais.

Leiam as tendências e os caminhos que foram seguidos pelo projecto.

O histórico dos proponentes é muitíssimo importante.
 O que conseguiram fora do projecto apresentado.
A experiência da equipa que leva o projecto.

Quem conduz um fórmula 1 teve de passar pelas diversas categorias.

Não o conseguirá fazer com sucesso se for inexperiente.

O que traz de novo o projecto face a outros e como os similares o conseguiram fazer.

Se pretenderem fazer profissão com as criptomoedas, tirem cursos que existem para o efeito que vos vai ajudar a estar como peixe na água.

Este não é um mercado para emoções, é necessário sangue frio para não vacilar nos momentos cruciais.

O mercado não é todo igual a todo momento, ele oscila de forma mais brusca que qualquer outro, pelo que a rapidez de decisão e leitura são tão emocionantes como lucrativas ou perigosas.

Esta abordagem que o Bitcoin traz no panorama foi de edificar uma realidade fantástica de progressão para todos os vencedores, todos os que acreditam na sua capacidade e forma de evolução permanente e superação.

Pensem sempre que a realidade do mundo vai muito para além daquilo que se vê da nossa janela.

Com esta afirmação do Bitcoin, surgiram muitas outras oportunidades que por vezes são inclusive mais lucrativas. Falaremos de algumas mais adiante.

## 6.3 Como criar uma Wallet

São várias as plataformas que permitem com alguma facilidade a criação de uma Wallet de forma a guardar a sua cripto ou token. Para o início eu sugiro a trust Wallet. Muito fácil de configurar.

Todas as carteiras de criptomoedas são criptografas pelo que é impossível de identificar.

É comum que o seu endereço seja periodicamente alterado, o que não significa que perca no caso de enviarem para o seu endereço anterior pois, todos os gerados ficam associados ao seu user. Revendo conceito, quando você envia uma cripto ele tem um hash associado de transação. Com este bash é possível confirmar ou verificar o estado da transação. Sendo que ela só chegará ao destino após o número de confirmações que os mineradores validam. Há moedas que necessitam apenas de 3 validações e outras mais. O processo de recepção fica concluído quando atingirem o número necessário e o tempo pode ser segundos como alguns minutos dependendo do volume transacionado na rede.

## 7 Altcoin

O que significa na realidade este estranho termo entre muitos outros que surgem no mercado?

 São moedas digitais alternativas que compõem actualmente mais de 10.000. Este número assusta para um universo tão recente e pode causar algum receio dada a difícil análise das mesmas e abordagem sobre qual comprar, em qual confiar.

Na verdade, todas as altcoins deveriam ser criadas com o objectivo de oferecerem soluções para o mundo real, trazendo novos paradigmas e abordagens.

A base foi lançada com a blockchain e com o bitcoin e foi exponencial com outras redes como a própria ethereum.

Assim, todos os projectos para além do Bitcoin são consideradas altcoins. Divergem em tecnologia, abordagem, blockchain....

Como referido no ponto anterior, todas deveriam apresentar algo de novo para o sistema financeiro e económico mundial, no entanto, tal não corresponde à verdade.

Algumas servem apenas para especulação financeira e, pior, golpes para arrecadar fundos.

Praticamente todos os projectos apresentados têm em comum acrescentar algo face á moeda mãe, com maior velocidade, segurança e utilização.

É sempre mais fácil projectar uma nova ideia comparando-a a um caso de sucesso e tentando mostrar pontos mais fortes do que não ter qualquer ponto de comparação.

Existem algumas limitações técnicas naturais da tecnologia do bitcoin como a escalabilidade e velocidade de transação, o que a torna hoje também cada vez mais valiosa como investimento de que como meio de transação de bens.

As altcoins utilizam vários recursos já existentes na sua base de desenvolvimento mas, estas criptomoedas alternativas variam muito entre si, diferentes aplicativos, algoritmos utilizados, maior segurança digital para os usuários e muitas outras funcionalidades.

A utilização de altcoins tem riscos normais envolvidos mas considero os positivos bem mais fortes e pertinentes.

Não acredito numa ameaça ao sistema financeiro embora, muitos que estão nesse sistema o receiem e, por isso, tentam denegrir, bloquear ou especular como bolhas ou outros.

É um incremento e uma nova abordagem ao mesmo.

ALTCOIN

Sabemos que as altcoins e Bitcoin não vão por si só resolver todos os problemas do mundo.

Mas, a abordagem e a forma como ela tem progredido mostra claramente uma abertura á mudança.

O sistema está cansado de dados viciados, de controle de todas as operações e de poderes reguladores que se movimentam por interesses escondidos e evidentes.

A utilização destes activos reduz por exemplo os custos com transações internacionais aproximando ainda mais as pessoas e fortalecendo a aldeia Global que com a internet teve o seu Boom.

Arrisco-me a escrever que as altcoins tem actualmente o mesmo impacto que a internet teve uns anos atrás.

A captação de investimentos é mais democratizada e livre, para a criação de projectos diferenciadores e disruptivos.

O Market Cap das altcoins mostra-nos quais as mais fortes e que atraem mais investidores, o que não significa que seja nessas que obtém mais possibilidade de lucro.

Actualmente o Bitcoin detém 65% do mercado.
O Ethereum tem o segundo maior market Cap , seguidas por Ripple, Bittcoin Cash, Binance Coin, Chainlink, Cardano, Litecoin…

Chamo a atenção que esta análise de volume de transações não define a relevância da moeda ou mesmo a possibilidade de sucesso ao adquiri-la.

As perspectivas futuras e a expectativa do mercado em relação a cada uma são extremamente importantes.

Há alguns pontos que volto a frisar devem ser tidos em conta

Qualificação da equipa promotora
Tecnologia utilizada
O que traz de novo no mercado
Comunidade de usuários
Objectivo a que se propõem
Popularidade ganha
Opinião de sites da especialidade

# 8 ICO contextualização

A primeira ICO foi lançada em 2013 para uma criptomoeda construída na blockchain do Bitcoin no caso, a Mastercoin arrecadou 5 milhões de dólares. Nesse mesmo ano a  NXL conseguiu o equivalente a 6 mil dólares.

A ethereum lançou a sua ico em 2014 e a wave em 2016

A ethereum arrecadou 18 milhões de dólares e a Wave 16 milhões.

Esta prática virou moda e em 2016 vários foram os projectos que se financiaram através deste modelo. Contabilizadas com valores arrecadados acima dos $30.000 foram 64 as ICO num total de 103 milhões arrecadados. Em 2017 deu-se o Boom no lançamento de ICOs.

Neste período o fundamental foi separar o trigo do joio e também aqui se fizeram fortunas e noutros casos se perdeu.

Os projectos fundamentados e baseados num crescimento sustentável e assente em comunidade tiveram enorme sucesso como no caso da Ethereum.

## 8.1 O que significa afinal ICO

A oferta inicial de moeda é feita com um lançamento faseado de unidades no mercado com valores diferentes de acordo com a sua progressão.

Em cada uma das fases, os valores são colocados sendo que aqueles que compram na primeira fase tem vantagem pois adquirem a um custo mais reduzido.

No lançamento de um projecto, de forma a capitalizar, os dinamizadores criam fases de lançamento a custos progressivos.

Com estes fundos os projectos são alavancados e cumpridas as fases do roadmap.

Uma ICO séria que utilize estes fundos de forma prevista conseguirá com alguma facilidade atingir patamares de excelência.

Também aqui, existiram várias tentativas fraudulentas de arrecadar fundos e não cumprir com o estabelecido causando perdas. Tal como explicado no ponto anterior, a análise prévia e cuidada é fundamental para evitar o indesejado.

A ICO não é regulamentada, os fundos são criados para esse novo projecto em criptomoeda.

Foi e continua ainda a ser, de forma mais branda, uma forma de impulsionar as startups e evitar burocracias ou processos rigorosos na captação de capital a que os investidores tradicionais estavam habituados.

No caso das ICO, não lidam apenas com investidores mas também com entusiastas com interesse em investir em novos projectos e obter lucros.

Sempre a ter em conta, o whitepaper com a indicação de todos os passos, objectivos e equipa dinamizadora. Deverá conter o que o projecto trata, o que irá cumprir após a sua conclusão, quanto dinheiro será necessário para as etapas apresentadas e qual a duração da ICO e sua entrada no mercado.

A aquisição de tokens, não os torna sócios da empresa mas sim investidores e proprietários deste activo que deve mencionar qual a exchange onde será comercializado finda a Oferta Inicial de Moeda.

Por norma as ICO são criadas dentro da rede blockchain da ethereum no padrão ERC20.

Qualquer usuário pode lançar uma ICO. Para tal necessita da criação do token, elaboração de whitepaper e desenvolver uma ideia viável baseada na rede blockchain e necessidade deste token.

Com o crescimento desta prática, a regulamentação apertou e dificultou o seu processo para que fossem evitadas situações fraudulentas, pelo que antes da criação de uma ICO é necessário ter em conta todos os aspectos legais em cada país.

Algumas jurisdições consideram totalmente ilegal a criação de ICO como a china ou Coreia do Sul. Os EUA com a SEC elaboraram um boletim detalhado sobre este ponto alertando os investidores para os riscos inerentes.

Algumas ICOS podem ser consideradas pela SEC como títulos estando sujeitos a regulamentações federais de valores mobiliários.

Em Portugal existe um vazio legal relacionado com a matéria das criptomoedas pelo que as ICO são permitidas em casos excepcionais desde que não sejam consideradas angariação de fundos o que só é permitido por entidades creditadas pelo Banco de Portugal.

# 9 Airdrop o que significa

Este é um caminho seguido por muitas entidades para um rápido crescimento e divulgação. Em termos de marketing funciona dado que o custo de divulgação é baixo e o alcance é alto.

Airdrop que em Português significa lançamento aéreo , ocorre no inicio do projecto criando um grande número de utilizadores e curiosidade por parte dos titulares
Ou seja, o utilizador comum ganha moedas grátis.

Existem hoje vários grupos de caçadores de moedas que se limitam a procurar as AirDrops, cumprir alguns requisitos que agora são impostos para as ganharem e, posteriormente, as venderem.

Evidente que limitar a actividade dentro deste mundo a este procedimento é absolutamente redutor.

Existem várias razões e motivações para que as comunidades iniciem estas AirDrops, ou doações. Esta é uma boa opção para criar a descentralização e a distribuição ampla do activo.

Por norma os projectos procedem á distribuição de cerca de 5% a 10% da sua oferta. Nos últimos tempos o valor é mais reduzido.

Vários são os exemplos que utilizam este método para aumentar o numero de serviços de descentralização HODL (pessoas que tem moedas em detrimento de a venderem)

Com este aumento o utilizador irá procurar mais informação e a probabilidade de comprar em maior número é significativamente maior.

É grande o número de utilizadores que recebem as AirDrops e posteriormente compram nos processos de ICO já referidos anteriormente. Posteriormente reforçam posições em exchange e alguns tornam-se grandes proprietários

Com a airdrop a busca de informação permite que se mantenha na comunidade dispersa

Por norma utilizam-se airdrops para receber leads e dessa forma enriquecer bases de dados de interessados neste tipo de actividade

Entre 2017 no boom das ICO muitos projectos iniciaram com AirDrops sendo que grande parte não chegaram a sair do papel. Com este método o próprio utilizador tem uma amor consciência do activo e do seu interesse em reforçar posição ou ignorar.

Há inúmeras plataformas sobre como encontrar as airdrops que salientamos o www.crypto-follow.com ou Crypto Airdrops e www.airdropalert.com

Como analizar o potencial do airdrop e implementação do projecto?

Importante uma análise cuidada a alguns pontos tais como:

-os enunciados no próprio https://github.com com informação pertinente

-leitura cuidadosa do whitepaper

-website do projecto

-comunidade que o impulsionará dinamizadores e seus históricos

-novidade no mercado.

Não esquecer de ver as redes sociais principalmente as mais direcionadas como o Reddit ou medium.

Como obter a sua airdrop?

Ganhar moedas provenientes de airdrops obedece a processos diferentes para as obter.

Para as reivindicar poderá ter de:


- colocar o seu email e pertencer ao Telegram do grupo
- curtir páginas ou compartilhar
- Referir amigos
- Assistir videos
- Responder a questionários sobre o projecto

- Concluir outras tarefas dentro da rede social.

## 10 - Exchanges de criptomoedas, contextualização

Dentro de um mercado desregrado, com capitais próprios, a segurança é sempre colocada em causa. Onde se poderá comprar e vender estes activos com segurança sem intermediários de rua?

 Em Março de 2010, pouco depois da criação do Bitcoin, surgiu a primeira correctora de criptomoeda, vulgo exchange.

Até aqui a única forma de o fazer era dentro dos fóruns ou mesmo chats.

A plataforma bitcoinmarket entretanto extinta, foi sugerida no fórum bitcointalk onde várias ideias iniciais sobre o criptomercado foram lançadas.

"Dwdollar" faz a proposta inicial a 15 de Janeiro de 2010.

Escreveu ele: ""Olá, pessoal. Estou no processo de construir uma exchange", escreveu ele. "Tenho grandes planos para ela, mas ainda tenho muito trabalho a fazer. Será um mercado real onde as pessoas poderão comprar e vender Bitcoins entre si."

"Estou tentando criar um mercado onde os Bitcoins são tratados como commodity. As pessoas poderão trocar Bitcoins por dólares e especular sobre o valor. Em teoria, isso estabelecerá uma taxa de câmbio em tempo real para que todos nós tenhamos uma ideia do valor atual de um Bitcoin, comparado a um dólar."

A controvérsia sobre o valor do bitcoin era muito elevada sendo que até ao Verão de 2010 o valor rondava os $0.05. O preço do bitcoin foi fixado na bitcoinnmarket em $0.003. Ou seja, 333 BTC por dólar.

Vários bugs foram detectadas neste processo inicial e corrigidas posteriormente com o feedback dos utilizadores no fórum.

Paypal era frequentemente utilizado como troca e compra do cripto activo.

A 4 de Junho de 2011 Paypal deixa de operar por várias negociações fraudulentas

Dias depois BTC estavam a ser vendidos a $20.

Bitcoinmarket estava perto do fim, MT Gox do programador McCaleb lançado em 2011, em 2014 lidava com 70% de todas as negociações globais de BTC.

Magicaltux ( Mark Karpeles ) compra as plataformas sendo que McCaleb se foca no projecto Ripple.

Em 2014 ocorreu um grande ataque hacker que apagou por completo da memória um outro ocorrido em 2011. Foi roubada uma pequena quantia e todos foram reembolsados.

O primeiro ataque a uma correctora em 2011 a 19 de Junho originou que a moeda fosse de dólares a um centavo. Os hackers compraram btc com as suas próprias contas e tiravam os ganhos da plataforma.

Um dos usuários escreveu assim a sua história:

> "Eu sou Kevin e sou o cara que comprou 259.684 BTC por menos de US$3.000 ontem. Eu realmente queria manter isso em segredo, mas

não consigo. Aqui está a minha história sobre o que aconteceu". Ele continuou: *"Eu estava assistindo, como muitos de vocês, à uma ordem gigantesca de venda queimando as ordens de compra. A Mt. Gox não executa operações muito rapidamente, então estávamos assistindo a esse pedido enorme devorar lentamente todos os pedidos de compra dos livros. O preço começou em torno de US$17,50 e, em minutos, ficou abaixo de US$10. Nesse ponto, percebi que não era apenas um grande vendedor disposto a aceitar algumas perdas. Era alguém* *tentando quebrar o mercado vendendo uma porcentagem enorme do total de Bitcoins do mercado de uma só vez."*

O valor perdido na epoca correspondia a 2643 BTC num total avaliado em $47000. A MT Gox restituiu totalmente os usuários.

Um segundo ataque ocorreu pouco depois.

Em 20 de Junho de 2011 Toasty ponderava o que fazer com os Bitcoins, os usuários da mybitcoin relataram que as suas contas haviam sido acedidas e bitcoins roubados.

Ficava evidente que a base de dados da MT Gox tinha sido replicada e nomes e senhas utilizados na mybitcoin.

Junho foi um mês negro para o mercado com o surgir do bitcoin. Varias correctoras pequenas foram hackeadas e Mark Karpeles dono da MT Gox cobriu as dividas e migrou os lesados para a sua plataforma.

Erros sucedem-se na plataforma com o seu proprietário a perder 2600 BTC ao enviar para um endereço inacessível "s-

272edf45031dd498e7b3ae89
e11ff21b".

Nunca ninguém conseguiu
aceder a essa carteira o que
comprova que o btc é seguro
e imutável.

 Em
Fevereiro
de 2014 a
plataforma
saiu do ar. Mark Karpeles
CEO da MT Gox saiu do
conselho administrativo sem
dar detalhes.

Pouco depois surgia o
comunicado:

"Caros clientes MtGox,
Em face das notícias recentes e das potenciais repercussões sobre as operações da MtGox e do mercado [de BitCoins], tomamos a decisão de fechar todas as transações no momento, a fim de proteger o serviço e nossos usuários. Estaremos monitorando a situação de perto e reagindo de acordo."

Documentos aparentemente reais a circular na internet indicam que 745.000 bitcoins saíram de circulação por falhas, criando um prejuízo impossível de recuperar.

Coinbase, Bitstamp, BTC China entre outras, emitem comunicado conjunto esclarecendo que o futuro do btc não estava colocado em causa, o mercado era confiável sendo que as falhas foram causadas por má gestão por parte da MT Gox

**10.1 Qual a sua necessidade**

As correctoras facilitam a compra, venda e troca de moedas digitais e tokens, O papel é conectar compradores com vendedores possibilitando a troca de forma rápida e segura.

Nada impede o utilizador de fazer uma troca directa p2p no entanto, através de uma correctora os dados de quem vende e quem compra, não são revelados. É impossível saber a origem e o titular do destino.

Copiando o modelo operacional das correctoras tradicionais, foram criadas taxas pelo serviço prestado de intermediação e liquidação.

O primeiro passo para poder trabalhar com a plataforma é o registo e na quase totalidade dos casos, o que aconselhamos, verificação obrigatória de Kyc

As ordens são organizadas num livro público, quer venda quer de compra. O utilizador deve introduzir no sistema a quantidade e o valor unitário pelo qual deseja comprar ou vender. Os valores de mercado são ditados pela lei da oferta e procura. A exchange não tem qualquer interferência neste processo. São disponibilizadas carteiras para os utilizadores das criptomoedas aceites.

Os proprietários das criptomoedas submetem o pedido á exchange para a listagem do seu criptoactivo, e após analisados os requisitos exigidos ela poderá ser listada.

As fontes de receitas de exchanges para além das taxas, são o valor da listagem, publicidade, materiais de divulgação.

# 11 Trading de criptomoedas

Nos tempos actuais a denominação de Trader está cada vez mais em voga. Na verdade, a compra e venda de criptoactivos dentro de uma plataforma pode ser, por si só, considerada trading.

Significa o assumir de uma posição de criptomoeda face a outra a moeda FIAT.

Antes de iniciar nesta actividade quer seja com o intuito de se profissionalizar ou apenas obter rendimentos extra, informe-se bem em relação aos activos que pretende negociar. Na escolha da plataforma deve ter em conta:

- O número de moedas disponíveis
- Os pares de moedas
- O volume de transação em cada par
- A velocidade de processamento da ordem dada
- O historico da plataforma e seus dinamizadores
- Os valores mínimo aceites para iniciar
- O suporte dado pela mesma.

Se está habituado ao trading convencional, não cripto, terá de reaprender o modo de trabalhar.

Se por um lado os gráficos e a análise técnica funcionam muito bem, as oscilações são enormes e muito rápidas. A sua atenção terá de ser redobrada assim como a leitura de vários sinais obtidos em plataformas da especialidade e mercados internacionais.

A recomendação é que através dos sites da especialidade como coinmarketcap analise bem os volumes e projectos.

Este site não é um banco central Europeu. Muitos novos utilizadores consideram que o facto de estar a moeda listada na plataforma é sinal de que é real e terá sucesso. Completamente errado.
A Coinmarketcap está linkada por api a várias outras plataformas de onde recebe informação e apresenta. Tem notícias e indicadores mas, não é de forma alguma regulador, ou sinónimo de veracidade.

Recentemente, criou-se a ideia de que para uma moeda ser verdadeira teria de ser aceite. Primeiro, existem vários pressupostos para lá aparecer, não vou maçar o leitor expondo todos eles mas, uma moeda recente não terá facilidade em ser apresentada a menos que atinja elevados volumes imediatos em mais do que duas exchanges.

Ou seja, se alguém lhe disser que por aparecer na coinmarketcap  é sinal de grande sucesso, desengane-se.
Assim como o contrário também é verdade. Não significa que por não estar seja fraude.

Voltando ao assunto de como iniciar esta actividade, informe-se bem sobre os activos.

Aprenda a ler gráficos de forma técnica e dessa forma evitará algumas perdas. Estes não são sinónimo de que o mercado irá reagir de uma determinada forma a algo mas, conseguem prever algumas situações. Inúmeros especialistas apontaram para que em 2020 o Bitcoin atingisse os $20.000, no entanto, outros apontaram os $50.000 com base nesta leitura. O mercado das criptomoedas é bastante mais imprevisível do que os convencionais. No entanto, podem ser formas de evitar perdas ou mesmo conseguir ganhos. A análise tradicional usada em ações ou moedas não funciona no mundo das cripto.

Mais uma chamada de atenção:

Se um Trader convencional lhe disser que está a iniciar nas cripto mas tem anos de sucesso no mercado bolsista convencional, desconfie. Não é garantia de sucesso.

Verifique com atenção as taxas cobradas pelas transações. Se não o fizer correrá o risco de prever um determinado lucro e no final, ele será bem inferior ou mesmo nulo. Não irei nesta matéria sugerir nenhuma exchange específica apenas indicar as que em maior volume:

Binance
Coinbase
Cryptopia
Hitbtc

Bithumb
Okex

## 12 O trader

Quando falamos no Trader de criptoactivos temos de ter em conta a sua capacidade de leitura de todos estes factores. No entanto, mais do que as capacidades técnicas é essencial que tenha as mentais e, de personalidade, que lhe permita agir em tempo útil.

O objectivo deste livro não é fazer uma análise às capacidades psicológicas ou operacionais do ser humano, no entanto, no percurso que experienciei, já vi técnicos fantásticos com um conhecimento brutal de mercado a terem resultados bem aquém do esperado e outros, com sangue frio a terem fantásticos desempenhos.

As capacidades humanas de leitura, de análise e momento para agir, para lá da emoção, são cruciais. O ser humano naturalmente é um ser emotivo, os latinos ainda mais.

A experiência adquirida é também um factor bastante importante. No início nesta actividade, quando o mercado cai 10%, a tentação é fazer stop Lost e limitar a quebra. Nem sempre este é o caminho. Muitas vezes são movimentos que pretendem que tal aconteça. Com a experiência é possível também detectar estes casos e não cometer erros.

Já vivi quedas maiores do que 20% assim como subidas, num só dia.

Garantir um valor mensal é um risco elevado, e mais uma vez deve ser tido em conta todos os pontos já enunciados.

## 12.1 Os diferentes modelos de trading

Dentro do trading há várias formas de operar e pares de moedas a escolher e trabalhar.

Existem traders que fazem sempre operações de curta duração com entradas e saídas rápidas e lucros ou perdas pequenos.
Normalmente estas operações são de baixo risco e limitam as perdas assim como os ganhos.
Uma operação de longa duração sem stop lost apresenta um cariz mais arriscado mas com potencial de lucro mais elevado. No momento da compra o Trade define o valor da venda e posteriormente uma nova entrada no par ou uma alteração no activo.

## 12.2 Tipos de trading

Day,( dura menos de 24 horas )

Sendo encerrado no mesmo dia, pode demorar minutos ou horas. É o mais curto nos tipos de trading e mais utilizado por profissionais. Normalmente a compra é feita na abertura do mercado e a venda mais perto do fecho. No entanto, podem demorar segundos e pequenos valores.

É muito agressivo e de rápida leitura e típico para quem tem experiência a operar, muitas vezes com auxílio de boot. É comum obter pequenos montantes e fechar posição. O trabalho foca-se na soma das pequenas operações. São normalmente escolhidos os pares de

moeda de alto volume como BTC/
USDT

Swing
( dois a cinco dias )

Consiste numa operação a curto prazo
mas maior que a anterior. Em média
negocia entre 2 a 5 dias. O objectivo é
permanecer na ordem até atingir a
venda e saída. Este método exige
menos operações paralelas embora
não dispense a atenção permanente,
muita paciência e disciplina e tempo
para acompanhar gráficos e
tendências. Uma distração pode
significar perda.

Position Trade
( algumas semanas ou meses )

O objectivo é atingir uma maior lucratividade em relação aos outros tipos de trading. São normalmente poucas as ordens abertas ao mesmo tempo. A liquidez é aqui mais importante que nos casos anteriores porque o volume de compras é superior para atingir lucro. O prazo de venda é maior e a ambição para percentagens maiores de lucro é superior

Buy & Hold são ordens a longo prazo normalmente acima de 5 anos. São uma espécie de plano poupança reforma. O investidor compra e aguarda que nesse período ela aumente substancialmente.

Mais a frente partilharei algumas experiências.

**13 Arbitragem**

Dado o grande número de exchanges existentes e o número de aficcionados por este mercado, surgiu uma prática bastante interessante com uma taxa de erro bastante baixa desde que o processo seja célere.

No mercado financeiro tradicional o processo de arbitragem consiste em procurar diferentes preços para o mesmo activo, e comprar no mais baixo e vender no mais alto.

Nas cripto o processo é o mesmo mas com outros factores envolvidos. A diferença de países, taxas, fusos horários, mercados...

Imaginemos que você se regista em 2 exchanges e coloca alguns activos para compra como BTC.

Na exchange 1 o ETH está a 0.01 BTC e na exchange 2 está a 0.02 BTC. Você vai vender na exchange 2 e comprar na exchange 1.

Este processo deverá ser rápido antes que os valores sejam equivalentes e deve ser considerado o valor das taxas. Hoje em dia estas diferenças são reduzidas, embora existam. É necessário ter uma boa capacidade para distribuir activos por estas plataformas, estar atento e ser rápido.

Uma das vantagens deste tipo de operação é que ela não depende da subida ou descida da cripto, noutras operações é necessária análise apostando no seu aumento ou queda.

A execução depende da análise das diferenças.

Uma das grandes desvantagens é que o tempo de acção terá de ser extremamente curto.

O que é verdade neste segundo pode não ser no segundo seguinte. Existem também bot que auxiliam neste processo mas.... Falaremos dos bot no ponto seguinte.

## 14 Bot

Já muitos ouviram falar de robot operacionais. Máquinas programadas para cumprir determinados procedimentos de forma automática.

No início dos bots eles faziam a custódia dos bens em contas externas não controladas pelos proprietários. A falta de acesso destes e acompanhamento impediam que retirassem os fundos a qualquer momento.

Actualmente a nova geração utiliza api e trabalha directamente na conta do cliente.

O trader profissional tem alguns apontamentos a fazer sobre este método:

> *"É possível criar um bot de trading vencedor, mas não é o robô que é mágico. O fator vencedor é a estratégia por trás do robô, o criador do bot*

precisa ter uma estratégia previamente desenvolvida, o ponto é esse. Os bots nada mais são do que a automatização de uma estratégia, então se não há algo que funcione, o robô não vai funcionar. É preciso estudar, testar, avaliar e só depois disso disponibilizar o robô."

"Primeiramente, para nós, os "bots", da forma como são disseminados na indústria de criptomoedas – como uma 'ferramenta mágica' que vai prover lucros demasiadamente altos e fixos – são pura ilusão. Acreditamos que os bots são ferramentas complementares para os usuários que já realizam trading de criptoativos, desde que estes possuam uma boa gestão de risco. Por exemplo, alocar uma maior parcela de sua carteira em Bitcoin para hold e um pequeno percentual para trading automatizado pode ser interessante. Ao mesmo tempo, a depender de qual ferramenta você escolhe, você consegue, inclusive, trabalhar com uma espécie de hedge em sua carteira, como é o caso do nosso bot que trabalha exclusivamente com a Tether, o cripto-dólar (USDT).

*Por fim, ao nosso ver, os bots são uma ferramenta de trading extremamente eficiente, uma vez que eles conseguem executar tarefas em uma velocidade estupidamente maior, bem como, não estão sujeitos à fatores emocionais e, em sua maioria, são de fácil utilização pelos usuários."* Universo cripto

*"É possível, sim, obter lucro utilizando um robô nas operações. Essas chances se tornam mais reais se você entender como funciona o mercado de criptomoedas, entender de analise técnica e entender de programação a*

*ponto de criar o seu próprio bot, por isso seria uma burrice compartilhar uma estratégia que esta dando certo. Sendo sincero, não acredito mais em opções de venda ou aluguel desses bots pois, quanto mais pessoas usando uma mesma estratégia, menores as chances de acerto, até mesmo por questão de volume nas operações. Fazer trade com R$ 5 mil, R$ 10 mil, é uma coisa. Experimente fazer trade com milhões pra ver no que dá."*
youtuber da criptoesfera Epaminondas

Na minha análise um bot poderá ser rentável, no entanto, se comercializado em massa, repetirá movimentos levando a perdas. Se milhares de pessoas utilizarem o mesmo bot o seu sistema quebrará rapidamente.

A utilização de uma api não significa que o activo esteja a salvo. Facilmente o proprietário do bot pode dar indicação de compra de um activo e vendê-lo usurpando o utilizador.

Em suma, é possível a sua utilização desde que tenha a certeza de ter tomado todas as precauções prévias, não coloque os seus fundos em mãos de messias ou de promessas sem resultados prévios. Não utilize bots vendidos de forma massiva.

## 15 Defi a nova oportunidade.

Como tem vindo a verificar o mercado está em permanente actualização e evolução surgindo a cada momento uma nova abordagem, não fosse a própria blockchain um manancial de possibilidades a explorar.

Os especialistas apontam a tendência DEFI como o futuro próximo com vários tokens a atingirem  resultados brutais de valorização.

Antes de mais, finanças descentralizadas.

Permitem utilizar criptomoedas em produtos como empréstimos ou seguros.

Alguns apontam que a revolução poderá ser maior que o próprio bitcoin.

Como referido o nome Defi significa Descentralized Finance expressão inglesa para finanças descentralizadas.

Serviços financeiros que utilizam as cripto com base em algoritmos escritos fundamentalmente na rede blockchain ethereum.

Estas programações são introduzidas na forma de contrato inteligente na rede. São automatizados e executados entre as partes sem a necessidade de mão humana a intermediar ou mesmo instituições ou organismos.

Este protocolo é bem mais complexo que as transferências de valores. Estas programações determinam regras e métricas que quando atingidas acionam a execução automática.

Estes acordos automáticos podem ter várias finalidades como empréstimos, conversor de moedas, seguros....

Uma das principais funcionalidades é a eliminação de intermediários.

É possível pagar um empréstimo usando o código pré inserido.

Uma infinidade de funcionalidades antes apenas restritas a alguns players ficaram assim abertas às criptomoedas.

As stablecoins ficaram populares dentro das DeFi , criptoactivos com valor atrelado a uma moeda fiduciária sem intervenção de gestores ou empresas.

Um dos casos é o Wrapped Bitcoin que resolve o problema de comunicação entre as redes. O valor do WBTC é igual ao do BTC, fica este atrelado.

No mercado tradicional quando uma pessoa pede crédito, vai obter uma fracção, dado o valor da garantia se a tiver e, pagará uma percentagem ao ano bem superior na DeFi que cobram cerca de 1% ao ano e emprestam 100% do valor da cripto dada como garantia para qualquer cliente que accione este mecanismo.

Esta situação é possível pela falta de intermediários tais como correctores, consultores, reguladores e seus custos.

Outra das situações que viabiliza é o facto das transações em DeFi serem com criptoactivos gravados na blockchain dado que serve de garantia, ficado bloqueada impedindo que a garantia possa ser transacionada.

Existe ainda a possibilidade das cripto serem utilizadas em Exchanges descentralizadas trocando automaticamente uma cripto por outra com taxa mais baixa que de uma empresa.

Uma das garantias do projecto e tecnologia DeFi é que o contracto é público e pode ser aberto para análise se você tiver conhecimentos para a fazer.

É obviamente um mundo completamente novo para quem está a entrar no mercado das criptomoedas.

**Uniswap:** é uma exchange descentralizada que tem US$ 1,3 bilhão em criptomoedas bloqueadas em garantia. Também tem um token de governança, o UNI.

**Chainlink:** não é propriamente um produto financeiro, mas uma espécie de meio-campo entre redes que não falam a mesma língua. Também conecta smart contracts ao mundo exterior, como sistemas de pagamentos e bancos de dados.

**Aave:** como o Compound, é um DeFi de empréstimos a taxas baixas e que permite ao emprestador ganhar juros.

Lançado em julho, tem US $1,37 bilhões bloqueados em criptomoedas.

No site DeFi Pulse é possível ver os projectos mais utilizados

Por ser um conceito novo é importante que analise se os projectos são na realidade descentralizados, qual o projecto, o código e a equipa por trás do projecto.

## 16.Whitepaper

A 31 de Outubro de 2008 foi criado o primeiro whitepaper de criptomoedas, tendo sido disparado para vários emails de quem se interessava por criptografia.

Satoshi escreveu no mail: "Estive trabalhando em um novo sistema de dinheiro eletrônico que é completamente ponto a ponto, sem necessidade de confiança em um terceiro",

Segue link que foi enviado com o documento
https://bitcoin.org/bitcoin.pdf
Um whitepaper é um documento que serve como um guia para explicar um certo conceito ou a solução para um problema específico.

Para análise de um projecto de criptomoedas este documento é crucial. É nele que devem estar descritas todas as bases e fases do projecto.

Dado o aumento do número de criptomoedas este documento passou a não ser tido em conta originando a que existissem maior número de fraudes.

Neste documento deve estar claro e perceptível:

- Problema que o projeto resolve.
- Como isso se resolve.
- Capitalização do projeto (rodadas de financiamento, capital mínimo, capital máximo, estágios de desenvolvimento, etc.).
- Como os tokens serão distribuídos e como serão investidos no desenvolvimento.
- Equipe envolvida.
- Roteiro ou prazos para o desenvolvimento.

**17 O presente das cripto**

Actualmente as criptomoedas estão a ser utilizadas não só como uma fonte de investimento para trading ou mesmo capitalização de projectos que pretendem inovar, mas também como segurança num mercado instável.

Grandes financeiras mundiais tem feito avultados investimentos que aumentam o seu valor de mercado.

No início de 2021 o mercado atingiu a capitalização de 1 trilião de dólares.

Segundo a Coingecko o mercado continua em crescendo

O Bitcoin continua dominando com mais de 65% do mercado.

Apenas em Janeiro de 2018 se aproximou desta cifra com 800 milhões de dólares. Grandes empresas financeiras como JP Morgan e Bank of America ou mesmo Paypal estão fortes neste mercado.

Segundo analistas este é o momento perfeito para entrar no mercado. Há alguns anos amigos diziam-me que comprar a $1000 era caro, deveriam ter comprado a $100

Há pouco tempo com ele a $10000 diziam-me que estava muito caro e que deveriam ter aproveitado a oportunidade de o comprar a $1000.

E hoje? O que dirão aqueles que não compraram na actual situação?

## 18 Os obstáculos

Um dos grandes obstáculos para o crescimento da criptomoeda é o facto do seu valor ser ainda muito oscilante. Como meio de troca inviabiliza a segurança a médio prazo nas transações. Um saldo equivalente a

$10000 pode dias depois valer $7000 como $13000

A volatilidade tem-se mantido ao longo do tempo. Segundo analistas a possibilidade da estabilização será mais vantajosa do que as alucinantes subidas de valor. Algumas variações de valor são ainda inexplicáveis o que dificulta também a entrada de novos players.

Outro dos obstáculos está relacionado com o grande número de  moedas com projectos fraudulentos, o que retira a credibilidade.

## 19 O futuro

O entusiasmo é crescente e pese embora algumas críticas por economistas de renome que atrasam a sua afirmação, os jogos de poder que circundam as mesmas desacreditam-nas e fortalecem o mercado das cripto.

É impossível prever com exactidão o futuro ou o valor a que chegarão. No entanto, é indesmentível que vieram para ficar e afirmarem-se como uma alternativa viável. A capitalização é crescente o que reforça esta crença.

As grandes entidades estão a aumentar o interesse e progressivamente a investir no mercado. Com projectos novos a surgir e novas variantes dentro de redes blockchain que apresentam funcionalidades que, como descrito, têm vindo a ser adoptadas para várias situações e a resolver diversos problemas.

> "Não gosto de prever – até para não parecer uma indicação de investimento -, mas todo mundo no mercado sabe que sou muito otimista em relação ao Bitcoin. O preço continuará volátil no curto prazo, mas os investidores devem continuar a focar no resultado de longo prazo".
> CEO BINANCE Changpeng Zhao

> "Iremos continuar a experimentar as turbulências

econômicas. Com isso, é claro que os clientes globais individuais e institucionais recorrerão cada vez mais à rede Bitcoin. É absolutamente inevitável que as moedas digitais sejam cada vez mais aceitas e difundidas".
Beibei Liu CEO Novadax

"A expectativa é de que novos gigantes, como alguns bilionários e grandes empresas fizeram esse ano, devem ceder e anunciar que estão trabalhando com Bitcoin, ou adquirindo Bitcoin, posicionando ainda mais esse ativo como reserva de valor. Isso definitivamente vai trazer impactos no preço, nos últimos halvings (quando a oferta é cortada pela metade) sempre no ano seguinte o Bitcoin teve alta histórica de preços superando em até 10 vezes os topos anteriores". CEO Foxbit Joao Canhada.

"Em meio a um macroambiente incerto e semelhanças com o mercado de ouro dos anos 1970, o Bitcoin pode chegar a mais de US $318 mil em 2021. Sua avaliação é feita usando análise técnica, seguindo trajetória semelhante da criptomoeda nos últimos sete anos. "Você vê a ação do preço sendo muito mais

simétrica ao longo dos últimos sete anos, formando o que parece ser um canal muito bem definido, dando-nos um movimento ascendente de prazo semelhante ao da última alta (em 2017)"
Director Citibank Tom Fitzpatrick

"É por isso que muitas pessoas fugiram para o Bitcoin [...] porque não está claro como o dólar sai dessa trilha de dívida e impressão, e o que realmente vai valer no futuro, se é que vai valer alguma coisa".
Tayler um dos gémeos que ganhou fortunas a Mark Zuckerberg após

batalha judicial e apostou forte nas criptomoedas.

Os gémeos acreditam que o Bitcoin atingirá US $500 mil na próxima década. "É uma reserva emergente de valor e é melhor do que ouro", disse Cameron. "Achamos que poderia valorizar algo em torno de 25 a 40 vezes o preço de hoje". Para Tyler, essa projeção é "realmente conservadora".

## 20 Testemunho

Caro leitor, após a leitura destes pontos e conhecimento deste mundo, acredito que a sua vontade de iniciar num maravilhoso mundo novo é tremenda.

Vou partilhar um pouco da minha experiência que acredito que o possa ajudar a não cometer os mesmos erros que cometi, assim como, tirar mais partido do conhecimento adquirido ao longo deste livro.

Como escrevi no decorrer, a história escreve-se caminhando e neste percurso muito nos surge, cabe a cada um as escolhas para que o caminho trilhado seja o melhor .

 Impossível que ele seja apenas de vitórias e sucessos. Os homens mais brilhantes da história passaram por muitos dissabores.

Desde Steve Jobs a Einstein entre muitos outros.
O que os tornou realmente excelentes não foi só a sua visão abrangente ou capacidade de inovação. Foi sim, a sua determinação em impor o seu desejo.

"O génio da física e galardoado com um prémio Nobel, foi categorizado na infância como «mentalmente lento». Só conseguiu falar aos 4 anos e ler aos 7. Achavam que era um caso perdido e também foi recusada a sua admissão na Escola Politécnica de Zurique. Antes da comprovação da sua teoria era alvo de chacota no meio científico, pois diziam que não passava de um sonhador. Pois... mas quem ficou para a história foi o Einstein, porque aqueles que o subestimaram, esses sim estão esquecidos."

"Steve Jobs ficou para a história como um homem de sucesso e alguém que nos deixou uma série de frases inspiradoras como: "Você pode encarar um erro como uma asneira a ser esquecida, ou como um resultado que aponta uma nova direcção" ou

"Tenha coragem de seguir o que seu coração e sua intuição dizem. Eles já sabem o que você realmente deseja. Tudo o resto é secundário". Contudo, o seu percurso nem sempre foi brilhante. Desistiu da escola e teve de sair da própria empresa, a Apple. Aos 30 anos ficou devastado. No entanto, ele considerou essa "queda" como algo positivo. Foi graças a ela que mudou a sua forma de agir e entrou num dos períodos mais criativos da sua vida. Regressou à Apple e, sob a sua orientação a empresa entrou em ascensão, tendo sido criados vários produtos icónicos como o iPod, o iPhone e o iPad."

Nós como povo Português temos uma história repleta de momentos marcantes em que a determinado momento fomos capazes de deixar o nosso cunho. E, na minha perspectiva, todos temos um legado a deixar. Uns mais ambiciosos outros mais comedidos.

O ponto de partida é onde você quer chegar?

Fui criado numa família com princípios conservadores impostos pelo meu avô de rigor e disciplina. Mas, sempre focado no sucesso. Cedo me incutiram que a pedra basilar família, teria de ser criada, conservada e valorizada.

Uma boa escolaridade permitiria um bom emprego e com ele uma boa qualidade de vida.

Bem, ser conformado não está no meu ADN. Difícil aceitar um universo formado e que, a vida é aquilo que nos é imposto como correcta.

Não se trata de rebeldia mas sim de um modo de vida que não tem de ser by the book.

Aqui reside logo um ponto de dificuldade para todos os que entram num mundo diferente e de permanente adaptação. De facto não é para todos que estão formatados. É necessário fazer um reset e permanentes refresh ou, a dificuldade será grande.

Após anos ligado à gestão de equipas de vendas no mercado convencional, ouvi Bitcoin.

Imaginem alguém que procura uma forma destrutiva de triunfar e que quer aprender sempre mais.

Entrei no mundo, conheci pessoas fantásticas, igualmente ambiciosas e outras menos boas, normal.

Tentei separar o trigo do joio, e acompanhar aqueles que dominavam a parte técnica do processo, absorver com eles o máximo de informação para que a pudesse utilizar. Li bastante e pesquisei. Logo, como sempre faço, comecei a estabelecer etapas. Onde eu queria chegar.

O ganhar dinheiro é um chavão que eu pessoalmente não gosto, não me atrai.

Via alguns a ter rendimentos muito interessantes já em 2015.

Aqui estabeleci para mim que o sucesso ou insucesso neste mundo iria sempre estar do meu lado. Não cresci num meio onde a culpabilização alheia era prática. Sempre me ensinaram que eu sou responsável pelos meus actos e pelo meu caminho. Ninguém é culpado quando não consigo ou não da certo, assim como a vitória tem uma grande fatia minha.

Pronto, decidi ir à luta.

E neste caminho, muitas vezes muito difícil para um inexperiente, é importante que você esteja atento. Não só ao mercado como aos negócios. Não se deixe levar por projectos brilhantes sem antes os investigar a fundo.

E entenda que a sua análise estará sempre condicionada pela sua vontade em avançar.

Ou seja, você é convidado para um projecto e a ilusão toma conta de si, você acredita que é aquilo que procura. O seu cérebro é inebriado para entrar de cabeça.

Mas o seu lado racional corta o impulso e pede-lhe sensatez para que procure mais. E assim o faz, só que..

você já está condicionado pelas premissas anteriores de glória e sucesso, de um caminho fantástico porque você tem um espírito guerreiro e inovador.

Muitos não terão este problema. Ou porque o medo é maior do que a vontade, ou porque o lado racional não deixa o criativo tomar o controlo.

Os velhos do Restelo conseguem com alguma facilidade demovê-los e nunca chegam a tentar enfrentar o Adamastor.

O conforto é suficiente para a colheita da felicidade. Ir à busca do desconhecido não faz parte desses planos. Mas não saia daí, porque mesmo assim você pode entrar no mundo das cripto e sair vencedor.

Após a sua análise, condicionada ou não, você decide avançar e atingir o degrau seguinte.

Aqui eu sugiro sempre que não se olhe para o cimo mas sim para os metros seguintes. O caminho será mais curto, as vitórias parciais serão comemoradas e a sua determinação reforçada.

Imagine um jogador de futebol. No início da época ele tem centenas de treinos pela frente e mais de 30 jogos para atingir o seu objectivo.
O que tem de pensar é vencer no treino seguinte para ser seleccionado

no jogo seguinte e no final atingir a glória.

Se o jogador pensar apenas no último jogo ele estará demasiado distante e não conseguirá a motivação necessária para atingir aquilo a que se propõe.

A sua decisão está tomada e você vai em frente. Assim aconteceu comigo algumas vezes. Em alguns casos eu percebi rápido que a decisão tinha sido mal tomada e rapidamente mudei a trajectória.

Porque assumir um erro numa decisão, não é sinónimo de fracasso.

Se você está errado e sabe que assim é e, mesmo assim, continua, então sim, você está a fracassar.

Houve momentos neste trajecto em que estive mais tempo do que desejado a desenvolver projectos porque há situações em que você não pode simplesmente virar costas e seguir em frente. Você criará sonhos, ilusões, e não desiste delas enquanto tem alguma possibilidade de as atingir.

Repare, muito importante:

Vivemos numa era de globalização e de algum egocentrismo causado por todas as redes sociais que nos isolam na realidade do contacto inter pessoal.

Logo, a nossa capacidade de ser gratos é mais reduzida. De culpar é maior. De engrandecer o ego é reforçada.

Quando você sugere um projecto vencedor a alguém, não espere reconhecimento.

Isso normalmente não irá acontecer. O ser humano vai colher os louros pela sua decisão de ter arriscado.

Se a sua sugestão não correr bem, espere ser culpabilizado. Afinal, foi você que sugeriu.

É assim que as coisas funcionam, não só neste mundo do Bitcoin, Ethereum e companhia.

Durante algum tempo a minha determinação era tão grande que enebriava a minha própria razão.

Eu vivia os projectos como parte de mim e era até capaz de garantir que eles seriam um sucesso.

Esse é um erro crasso. Não o faça. Mesmo que lhe pareça 100% confiável e de sucesso, alerte que algo pode correr mal e que o ónus da decisão é de quem a toma, assim como os ganhos ou perdas.

Eu estava a entrar num mundo agressivo, dinâmico, fantástico. A minha formação e a minha experiência pareciam pequenas para os gigantes que eu estava a conhecer. Tudo me parecia tão... brilhante. E na verdade é.

Mas, eu estava num patamar elevado. Os vendedores de sonhos mais capazes movimentam-se sempre onde há ouro. Porque eles são capazes.

Sinta quem lhe vai transmitir a mensagem com a emoção de acreditar cegamente, dada a sua determinação e leitura e, quem lhe pretende sugar a energia.

Evite as armadilhas que tal como em algumas religiões é descrita, o negativo seja demónio ou parecido, é lindo e maravilhoso porque é a ilusão no estado mais forte.

Bem vindo à etapa número dois.

Aquela em que após a ilusão leva um banho de realidade e percebe que nem tudo que reluz é ouro e que, afinal, não dará um pontapé e descobrirá um pote carregado de belas e reluzentes peças.

Por momentos senti-me incapaz e perdido, afinal eu tinha abandonado a minha vida confortável por um objectivo de singrar num universo fantástico.

Por momentos a voz dos meus pais entoava no meu cérebro.

E o meu legado estava mais distante.

Mas, não estava num poço sem fundo. Nunca perdi o foco, por vezes cai, chorei e desesperei.

Algumas das minhas máximas de vida são:

-Nunca desistir
-Nunca atribuir culpas.
-Nunca me diminuir.

O caminho do sucesso pode ser percorrido com seriedade. Não é necessário ser incapaz para enganar ou trapacear. Se durante o nosso percurso isso acontecer, que seja inadvertidamente.

Tornar da trapaça um modo de vida é diminuir a nossa essência a lixo. É viver na depressão e na penumbra. Ser odiado por si mesmo.

Como a minha crença num amanhã melhor é infinita, como a minha determinação é permanente e as máximas proferidas são tidas em conta, eu só tinha um caminho. Levantar mais forte e seguir na luta.

Essa que travarei até ao último dia mesmo que vença em todos eles. Haverá sempre mais um objetivo a atingir. Uma etapa a vencer.

Conheci mentes brilhantes, umas perdidas e desfocadas, outras orientadas. Absorvi mais informação, ganhei experiência para novos voos.

Abracei projectos, desenvolvi conhecimento e inovações.

Tive comigo pessoas que me abraçaram quando precisava.

Tive a felicidade de contribuir para a evolução de muitas pessoas. A nível pessoal e profissional.

A vida não é um caminho de uma só direção. Ela só faz sentido se você abraçar causas, pessoas, projectos.

Há pessoas fantásticas perdidas, projectos incríveis abandonados.

Talvez porque não tiveram a sorte como eu tive, de me ser incutido o quanto um cérebro é genial.
 A fome de vitória e competitividade saudável.

Ajude-os a olhar para si e determinarem o seu caminho. Vai fazê-lo sentir-se mais especial.

Não se penitencie em demasia pelos seus fracassos. Aprenda com eles. Fazem parte do seu processo de evolução.

Nas moedas digitais espere vivenciar o extremo em tudo.

Vai torná-lo mais forte e mais resistente.

Se uma ICO lhe parecer bestial e que vai mudar a sua vida para sempre, procure toda a informação. Leia com atenção o whitepaper e veja em que plataformas o token ou cripto está listada.

Quanto tempo tem e o que traz de novo. Nem tudo que reluz é ouro. Aprendi isso quase que literalmente.

Quem são os promotores e o que fizeram ao longo da sua vida. Procure sites da especialidade para tomar conhecimento de toda a envolvência.

Se pretender comprar um criptoactivo veja o desenvolvimento dele nas últimas semanas.

Se você quer fazer trading inicie com cautela e precaução. Não coloque todos os ovos no mesmo cesto.
Não invista mais do que 10% dos seus activos livres.

Fundamentalmente, seja feliz.

- Ricardo Magalhães.

Apresente este livro e tenha vantagens num dos cursos na:

www.academiadamente.pt